生きることの意味

――「生の哲学」へ向けて

The Meaning of Living:
Toward a Philosophy of Life

伊藤 和光
Kazumitsu Ito

生きることの意味
－「生の哲学」へ向けて－

The Meaning of Living:
Toward a Philosophy of Life

伊藤 和光
Kazumitsu Ito

はしがき

この小論では、「哲学評論」の試みを行なった。

すなわち、生きる基盤、生きる意味、他者との関係性、社会における位置付け、さらには、歴史をつくる勇気に関して、自分なりの考えを、まとめてみた。

なるべく、難解な哲学用語は、使わないようにした。

なお、自分自身の経験したことも、エピソードとして織り込んでいる。

そのようなかたちで、今を生きる人たちに、自分なりのメッセージを送った次第である。

目　次

はしがき　　　　　　　　　　　　　　　　　　　　　3

1、生きる基盤：メルロ＝ポンティ「知覚の現象学」

　　から、プラトン「洞窟の比喩」へ　　　　　　　5

　　＜第1章のまとめ＞　　　　　　　　　　　　　20

2、生きる意味：西田幾多郎「善の研究」　　　　　23

　　＜第2章のまとめ＞　　　　　　　　　　　　　33

3、他者との関係性：フランクル「夜と霧」　　　　35

　　＜第3章のまとめ＞　　　　　　　　　　　　　44

4、社会における位置付け：

　　ベルクソン「創造的進化」　　　　　　　　　　45

　　＜第4章のまとめ＞　　　　　　　　　　　　　55

5、歴史をつくる勇気：

　　サイモン＆ガーファンクル「明日に架ける橋」　57

　　＜第5章のまとめ＞　　　　　　　　　　　　　71

あとがき　　　　　　　　　　　　　　　　　　　73

附録：本書の要旨　　　　　　　　　　　　　　　76

引用文献一覧　　　　　　　　　　　　　　　　　85

References available in the United States　　　　90

１、生きる基盤：
メルロ＝ポンティ「知覚の現象学」
から、プラトン「洞窟の比喩」へ

1、生きる基盤：
メルロ＝ポンティ「知覚の現象学」から、
プラトン「洞窟の比喩」へ

（1）

　古代から現代まで、哲学者は様々な哲学的な思索をめぐらしてきた。

　その中で、一種の到達点ともいえるものが、フランスの哲学者であるメルロ＝ポンティの主著『知覚の現象学』であると思う。

　ちなみに、現代日本を代表する哲学者・廣松渉の主著『存在と意味：事的世界観の定礎』においても、その基本的な枠組みは、メルロ＝ポンティの哲学的成果に依拠している。

【NOTE】廣松渉『存在と意味：事的世界観の定礎』（岩波書店、1982）

　以下に、概略を説明する。

　メルロ＝ポンティ『知覚の現象学』におい

1、生きる基盤：メルロ＝ポンティ「知覚の現象学」 から、プラトン「洞窟の比喩」へ

ては、まず、自然主義的な態度と主知主義が、対立しているようでありながらも、「主観と客観の二項対立」という図式を、どちらも保持している。その意味で、両者は表裏一体であると、指摘している。

そこで、「幻影肢」という、失われたはずの四肢の感覚を生々しく体験する「症例」に、彼は着目する。

そこにおいては、自然主義的な態度にも、主知主義にも、どちらにも回収できない。

身体の経験は、両義的であるとする。

すなわち、経験する主体は、空間内に孤立する存在ではない。

むしろ、空間そのものを成り立たせる媒質である。

そして、他者とともに、不断に生成するものである。

——以上が、メルロ＝ポンティ『知覚の現象学』の核心部分である。

【NOTE】メルロ＝ポンティ、竹内芳郎（訳）、小木貞孝（訳）『知覚の現象学　1・2』（みすず書房、1967）より要約。

(2)

　哲学者による哲学的な思索の到達点がメルロ＝ポンティの主著『知覚の現象学』であるとすれば、おそらく、その対極に位置する哲学的な直観は、プラトンの「洞窟の比喩」であると考えられる。

　古代ギリシャの哲学者・プラトンの「洞窟の比喩」とは、『国家』第7巻で用いた、「善のイデア」を説明するための比喩・類比・寓話である。

　すなわち、洞窟に住む縛られた人々が見ているのは、「実体」の「影」である。それを、実体であると思い込んでいる。「実体」を運んで行く人々の声が、洞窟の奥に反響する。そして、この思い込みは確信に変わる。

1、生きる基盤：メルロ＝ポンティ「知覚の現象学」
　　から、プラトン「洞窟の比喩」へ

同じように、私たちが現実と見ているのは、イデアの「影」にすぎない。
——そのように、プラトンは考える。

【NOTE】プラトン、藤澤令夫（訳）『国家　上・下』（岩波文庫）（岩波書店、1979）のうち、（下）104 - 111 頁より抜粋。

　では、プラトンの「洞窟の比喩」という視点から、メルロ＝ポンティ『知覚の現象学』を考えた場合、どのようなことが言えるのだろうか？
　洞窟に住む縛られた人々が見ているのは、「実体」の「影」である。それを、実体であると思い込んでいる。
　私たちが現実と見ているのは、イデアの「影」にすぎない。
　そこにおいては、メルロ＝ポンティの主著『知覚の現象学』も、その根拠があいまいなものとなる。

また、それに立脚した様々な哲学的思索も、確固とした根拠を失う。

（3）
　デカルトの「わたしは考える、ゆえにわたしは存在する [ワレ惟ウ、故ニワレ在リ] という有名な言葉も、そのような視点から、再考されるべきである。
Je pence, donc je suis.（フランス語）
Cogito ergo sum.（ラテン語）
I think, therefore I am.（英語）

【NOTE】デカルト、谷川多佳子（訳）『方法序説』（岩波文庫）（岩波書店、1997）46頁を参照。

　すなわち、西洋において近代科学の基礎を築いたデカルトは、「感覚」や「現実」や「数学」は疑えるけれども、その大もとの「思う我」が「在る」ということは疑えないとした。
　それを、「ワレ惟ウ、故ニワレ在リ」という

1、生きる基盤：メルロ＝ポンティ「知覚の現象学」から、プラトン「洞窟の比喩」へ

有名な言葉によって、端的に、そして力強く表現している。

(4)

　だが、このような言説も、東洋的な考え方からすると、その根拠がはっきりしたものとは言えない。

　すなわち、中国の荘子は「胡蝶の夢」のたとえにおいて、次のように述べている。

　夢の中で胡蝶（蝶のこと）として、ひらひら飛んでいた所、目が覚めた。

　はたして、自分は蝶になった夢をみていたのか。

　それとも、実は夢で見た蝶こそが本来の自分であって、今の自分は蝶が見ている夢なのか。

――という説話である。

原文と訳文を、あげておく。

原文

昔者、荘周、夢爲胡蝶、栩栩然胡蝶也、自喻
適志與、不知周也、俄然覺、則蘧蘧然周也、
不知、周之夢爲胡蝶與、胡蝶之夢爲周與、周
與胡蝶、則必有分矣。此之謂物化、

書き下し文

昔者、荘周、夢に胡蝶と為る。栩々然として
胡蝶なり。自ら喻しみて志に適うか、周なる
ことを知らざるなり。俄然として覚むれば、
則ち蘧々然として周なり。知らず、周の夢に
胡蝶と為るか、胡蝶の夢に周と為るか。周と
胡蝶とは、則ち必ず分あらん。此れをこれ物
化と謂う。

訳文

むかし、荘周は自分が蝶になった夢を見た。
楽しく飛びまわる蝶になりきって、のびのび
と活達であったからであろう。自分が荘周で
あることを自覚しなかった。ところが、ふと

1、生きる基盤：メルロ゠ポンティ「知覚の現象学」から、プラトン「洞窟の比喩」へ

目が覚めてみると、まぎれもなく荘周である。いったい荘周が蝶となる夢を見たのだろうか、それとも蝶が荘周になった夢を見ているのだろうか。荘周と蝶とは、きっと区別があるだろう。こうした移行を物化（すなわち万物の変化）と名づけるのだ。

【NOTE】荘子、金谷治（訳）『荘子　第1冊　内篇』（岩波文庫）（岩波書店、1971）88-89頁より引用。

　ちなみに、この説話は「無為自然」の荘子の考え方がよく表れているものとして、有名である。
「無為自然」を荘子の言葉で言えば、「逍遥遊」となる。それは、目的意識に縛られない、自由な境地のことである。その境地に達すれば、自然と融和して、自由な生き方ができる。そのように、荘子は説いている。

(5)

　このような考え方は、実は、「仏教の教え」とも共通点を持っている。

　例えば、法華経を信仰していた宮沢賢治の詩集『春と修羅』の冒頭には、有名な「序」が含まれている。
　以下に、引用する。

　わたくしといふ現象は
　仮定された有機交流電燈の
　ひとつの青い照明です
　（あらゆる透明な幽霊（ゆうれい）の複合体）
　風景やみんなといつしよに
　せはしくせはしく明滅しながら
　いかにもたしかにともりつづける
　因果（いんが）交流電燈の
　ひとつの青い照明です
　（ひかりはたもち、その電燈は失はれ）

1、生きる基盤：メルロ＝ポンティ「知覚の現象学」から、プラトン「洞窟の比喩」へ

　ここにおいて賢治は、自分のことを「現象」といい、「明滅しながら」「ともりつづける」照明に、自分を例えている。

　ここでは、「仏教」の基本思想である「諸行無常」が、根底にある。

　私たちは自分のことを「連続して存在している」と思うが、実は目の前の川の水が次の瞬間にはもう別の水に変わっているように、私たちは消えては生まれ、消えては生まれるのを繰り返している。

　まさに、「明滅しながら」「ともりつづける」照明のようである。

　賢治が序文で「わたくしといふ現象」と書いたのは、そんな無常の存在としての自分を表現した、そのように指摘されている（北川前肇、43頁）。

【NOTE】伊藤和光『評論集：宮沢賢治と遠藤周作―日本文学における宗教経験の諸相』（牧歌舎、2024年）33-34頁を参照。

【NOTE】伊藤和光『こころに残る日本の詩 15 篇―近代・現代日本文学から』(牧歌舎、2024 年) このうち、60 - 64 頁を参照。
【NOTE】北川前肇『NHK こころの時代〜宗教・人生〜宮沢賢治 久遠の宇宙に生きる』(NHK シリーズ)(NHK 出版、2023 年) 43 頁

　この世界におけるあらゆる事象は、幻である。それを見ている自分自身もまた、幻にすぎない。

　仏教では、そこから、あらゆる物事に「執着」することを煩悩と呼び、それら一切の執着から「解脱」することを説いている。
　そこに、「究極の救い」があるとする。

(6)
　以上に述べたことを、現代的な言葉使いによってまとめると、
「この世の中は仮想現実であり、自分自身も仮想現実における出来事にすぎない」

1、生きる基盤：メルロ＝ポンティ「知覚の現象学」
　　から、プラトン「洞窟の比喩」へ

——そのように、言える。

　すなわち、私たちが「生きる基盤」とは、「仮
想現実の世界」である。

　先にも述べたように、このような考え方は「仏
教の教え」そのものである。

　特に筆者が、奇をてらうようなことを言って
いるわけではない。

（7）
　筆者が麻酔科医として働いていた頃は、悪
戦苦闘の日々だった。「手術室」で手術中、毎
日のようにかかっていた、思い出の曲 Do As
Infinity, Oasis（2000）は、その時期の自分を想
起させる。

　手術室、それも深夜、そこには独特の雰囲気
がある。そこは、手術というリアルな現実に対

17

して、秒単位で、医学的な処置が求められている臨床場面である。

しかしながら、手術が終わってから、かなり時間が経過して、極度の緊張感が解けてくると、ふと、自分はテレビドラマのセットの真ん中にいるのではないか。

この仮想現実は、巧妙に良く出来てはいるが、自分の周囲にある事物は、「存在の根拠」が本当に証明されえるものなのか。

そのような感覚に、襲われてしまうこともある。

その際には、自分自身という存在の実存的な根拠が、極めて曖昧なものであることを、ふと感じてしまう。

(8)

ちなみに、先日、あるショッピングセンターの屋外喫煙所で、おじいちゃんたちが、映画『マトリックス』の話をしていた。

それを目撃して自分は、仮想現実という世界

1、生きる基盤：メルロ＝ポンティ「知覚の現象学」から、プラトン「洞窟の比喩」へ

観が、日本の地方都市における、高齢者にまで浸透していることに、正直びっくりした。

　今、この世の中は、大きく変わりつつある。——それを、象徴するような出来事であり、私たちの「希望の未来」は、意外と近いのかもしれないと感じた。

＜第１章のまとめ＞

　古代から現代まで、哲学者は多くの哲学的な思索を巡らしてきた。その中で、一種の到達点と考えられるのが、フランスの哲学者であるメルロ＝ポンティの主著『知覚の現象学』である。そこでは、経験する主体は、空間内に孤立する存在ではない。むしろ、空間そのものを成り立たせる媒質である。そして、他者とともに、不断に生成するものであるとする。

　しかしながら、プラトンの「洞窟の比喩」という観点から見ると、メルロ＝ポンティの「知覚の現象学」も、その根拠があいまいなものとなる。また、それに立脚した様々な哲学的思索も、確固とした根拠を失う。

　西洋において近代科学の基礎を築いたデカルトは、「感覚」「現実」「数学」は疑えるが、それを見て考えている自分自身という存在は、疑うことができないとした。

　だが、これも東洋的な考え方からすると、はっ

1、生きる基盤：メルロ＝ポンティ「知覚の現象学」 から、プラトン「洞窟の比喩」へ

きりしたものではない。すなわち、荘子は「胡蝶の夢」のたとえにおいて、自分自身も夢にすぎないとする。

このような考え方は、仏教の教えとも共通点を持っている。仏教では、そこから、あらゆる物事に執着することを煩悩と呼び、執着からの解脱を説いている。

以上に述べたことを現代的な言葉でまとめると、「この世の中は仮想現実であり、自分自身も仮想現実における出来事にすぎない。」となる。

すなわち、私たちが「生きる基盤」とは、仮想現実の世界である。

先にも述べたように、このような考え方は「仏教の教え」そのものであり、特に筆者が奇をてらうようなことを言っているわけではない。

自分自身の経験からも、この世の中が仮想現

実であるという感覚を抱いたことがある。また、仮想現実という概念は、多くの人に広がりつつある。

2、生きる意味：
西田幾多郎『善の研究』

2、生きる意味：西田幾多郎『善の研究』

（1）

　筆者は日本文学を研究している関係で、明治時代に書かれた日本語の、論文・書籍・新聞・雑誌などを、読む機会もある。その際には、明治時代の書籍には、現代の日本人が持っている言語感覚からすると、非常に分かりにくい言葉や表現形式があることに困惑する。

　それは、極端な話、第二次大戦の敗戦前に書かれた書籍にさえ、言えることである。そこには、分かりにくい・誤解を生みやすいような言葉が、かなりの頻度で散在している。

　そのような観点から、日本を代表する哲学者・西田幾多郎の主著『善の研究』（明治44年=1911年発刊）を読みなおしてみたら、筆者は「あること」に気づいた。

　以下、まず、次節（2）において、西田哲学

の概略を説明する。その後、（3）において、筆者の考えを詳しく述べたいと思う。

（2）
　すなわち、『善の研究』は、もともと、『純粋経験と実在』というタイトルだった。
『善の研究』は、第一編「純粋経験」、第二編「実在」、第三編「善」、第四編「宗教」から構成されている。
　前半の二編は「純粋経験と実在」という原題にふさわしい哲学的探究であり、後半の二編は、その実践的応用としての倫理学と宗教論である。

　西田幾多郎の哲学においては、「純粋経験」がその根幹にある。
　そこから、「善」という倫理思想も導かれてくる。

　以下、櫻井歓『西田幾多郎』（2023）の記述

に沿って、西田哲学の概要を見ていく。

【NOTE】西田幾多郎『善の研究』(岩波文庫)(岩波書店、1979)

【NOTE】 櫻井歓『西田幾多郎』(講談社現代新書)(講談社、2023) このうち、42-61頁を参照。

『善の研究』の「序」で西田幾多郎は、「純粋経験を唯一の実在としてすべてを説明して見たいというのは、余が大分前から有っていた考であった」と述べている。

「経験するというのは事実其儘に知るの意である」

　すなわち、何かの色を見た瞬間、何かの音を聞いた瞬間、この色、この音は何だという判断もまだ加わっていない状態を純粋経験と呼んでいる。

　一生懸命に断崖を登る場合、音楽家が熟練した曲を演奏する時、私たちが美しい音楽を聴いて心を奪われる時、そういった純粋経験の具体

例を、西田はあげている。

　このような純粋経験は、「私」という自己が生まれてくる源でもある。すなわち、「私」という意識が生じるには、そのもとになる経験がある。「私」の意識は、純粋経験に主観と客観の区切りを入れて、純粋経験から分かれてきたものだと考えられる。

　西田のいう「純粋経験」は、私たちにとっての＜生の現実＞とでも呼べるものである。
　彼は、こうした現実との直接的な関わり方を追求した。
『善の研究』で論じられる「善」の概念には、その探究が表れている。
「善とは自己の発展完成である」とされ、また「善とは一言にていえば人格の実現である」ともいう。
　善の状態は意識統一であり、その究極の形態は「主客相没する」状態であるとされる。

すなわち、我を忘れて夢中になっているような時にこそ、最も自分らしくある。そうした形で自己が発揮されることが、理想とされる。その意味で純粋経験は、「私が本来の私になる経験」であるといえる。

　この純粋経験は、他者との関係においても語られている。それは、他者への愛や共感の源泉として捉えることができる。
『善の研究』では、愛とは自己と他者とが一つになる感情だという。西田は愛を、「自他一致の感情」あるいは「主客合一の感情」としている。すなわち、愛とは主客合一の純粋経験と考えていい。
　西田は、愛とは他者の喜びや悲しみに共感するものだと語る。

　櫻井歓（2023）は、以上のような記述をまとめる意味で、次のようなことを述べている。
『善の研究』のキーワードである「純粋経験」

は多様な観点からみることができる。すなわち、何かを見たり聞いたりする瞬間、スポーツや芸術における技能の習熟、「私」の意識が生まれてくる源、私が本来の私になること、そして他者を愛しその喜びや悲しみに共感し、花や動物も含めて愛するものと一つになること——。純粋経験は私たちの生活からかけ離れた特殊な出来事なのではない。むしろそれは、私たちが生きることの源泉となっているようなものなのである。

【NOTE】櫻井歓『西田幾多郎』（2023）61頁より引用。

(3)

　このように、『善の研究』における、純粋経験を基盤とした「善」という言葉は、単に行動規範として語られているのではない。むしろ、人間関係・社会関係など広範囲の関係性をすべて含む言葉である。さらには、私たちの生きる

基盤・生きる意味にさえ、この言葉はその意義づけを及ぼしている。

2025年を生きる、私たち、日本人の言語感覚からすると、それは「善＝愛」と読み替えられるべきでさえある。

すなわち、西田幾多郎の哲学に関する倫理的な思想の根幹には、純粋経験を基盤とした「善」という概念が使用されている。

しかしながら、現代の日本人には、「善」という言葉は抽象的であり、現在は、死語になっているとさえ考えられる。

むしろ、「善＝愛」という言葉の方が分かりやすいと思う。

そのように考えてみると、西田幾多郎の言いたかったことが、より明確化されるようにも感じる。

ちなみに、キリスト教会においては、「神の愛」という表現が使われている。

2、生きる意味：西田幾多郎『善の研究』

　その場合、「愛」という言葉には、もはや、俗世間的な響きはない。それは、崇高で荘厳な理想形としての「愛」という、ニュアンスを帯びている。

　キリスト教における「愛」は、全ての人間関係、社会関係に関わっている。また、それは生きる基盤、生きる意味を根拠づける概念でもある。

　すなわち、「愛」という言葉は、現代の日本に生きる私たちにも、「生きる指針」として、こころに響く「生きた言葉」であり続けている。

　私たちにとって、「生きる意味」とは、人それぞれに千差万別であるかもしれない。

　しかしながら、「善＝愛」ということを「生きる指針」に置くことにより、この仮想現実である世界における、私たちの「生きる意味」も、より明確なものになると、考えられる。

（4）

　以上、西田幾多郎は「純粋経験」という概念

を、彼の哲学的な営みの根幹に置いている。

　そして、そこから「善」→「善＝愛」という倫理思想を導き出している。

　また、私たちにとって、「生きる意味」とは、人それぞれに千差万別であるかもしれない。

　しかしながら、「善＝愛」ということを「生きる指針」に置くことにより、この仮想現実である世界における、私たちの「生きる意味」も、より明確なものになると考えられる。

２、生きる意味：西田幾多郎『善の研究』

＜第２章のまとめ＞

　明治時代の書籍は、現代日本人の言語感覚からすると、言い換えが必要な言葉も散在している。そのような観点から、日本を代表する哲学者・西田幾多郎の主著『善の研究』を読みなおしてみると、「善」という言葉は、「善＝愛」と読み替えられるべきであると考えられる。

　ちなみに、キリスト教会においては、「神の愛」という表現が使われている。その場合、「愛」という言葉には、もはや、俗世間的な響きはない。それは、崇高で荘厳な理想形としての「愛」という、ニュアンスを帯びている。キリスト教における「愛」は、全ての人間関係、社会関係に関わっている。また、それは生きる基盤、生きる意味を根拠づける概念でもある。

　すなわち、「愛」という言葉は、現代の日本に生きる私たちにも、「生きる指針」として、こころに響く「生きた言葉」であり続けている。

そのように考えると、西田幾多郎がこの本の中で言いたかったことも、より明確化される。

　すなわち、西田幾多郎は「純粋経験」という概念を、彼の哲学的な営みの根幹に置いている。そして、そこから「善」→「善＝愛」という倫理思想を導き出している。

　私たちにとって、「生きる意味」とは、人それぞれに千差万別であるかもしれない。

　しかしながら、「善＝愛」ということを「生きる指針」に置くことにより、この仮想現実である世界における、私たちの「生きる意味」も、より明確なものになると考えられる。

3、他者との関係性：
フランクル「夜と霧」

3、他者との関係性：フランクル「夜と霧」

（1）
　自分の母親は、若い頃に苦労した人だった。

　幼い時に、父親が放蕩し放題の人物だったために、母の家族は一家離散した。
　母とその弟は、浜松市内にある親戚の家を、たらい回しにされた。きつい言葉を、言われる日々だった。
　冬の寒い夜に、野宿したこともあった。二人で町内のゴミ箱に入って、夜露をしのいだそうである。そんな生活をしていたせいで、母の弟は感染症で亡くなってしまう。

　弟が亡くなると、母には養女の口が見つかった。現在の浜松市天竜区にある、質屋を営む、お金持ち夫婦の家だった。
　それから数年間は、何不自由のない暮らしをした。幸せな日々を、母は過ごすことができた。

3、他者との関係性：フランクル「夜と霧」

学校の成績もトップクラスであり、義理の父母から可愛がられた。

　しかしながら、女学校の学生時代に、ある事件が起こる。

　それがきっかけになり、母は家出をする。

　友達を頼って、母は現在の静岡市清水区へ行った。そこで、パン屋の見習いをしていた若い男性と知り合い、結婚することになる。それが、筆者の父親である。

　そんな母は、筆者が子どもの頃、よく一人で玄関に座り、ぼんやりしていることがあった。

　筆者が大学生の頃のものとして、こんなエピソードがある。

　たまたま、母と筆者は、二人で話す機会があった。

「人間は、気持ち悪いものだね」と筆者が言うと、母は、すかさず、「そんなこと、今ごろ気

づいたの！」

──そう、母は言い返した。

　母は84歳で亡くなったが、今から思うと、母のこころの底には、実に深い闇があったのかもしれない。

(2)

　フランクル『夜と霧』においては、人間という存在の「他者との関わり」に関する、ある意味、「極限状態」がそこには描写されている。

【NOTE】フランクル（著）、池田香代子（訳）『夜と霧　新版』（みすず書房、2002）このうち、引用箇所は、45頁、52-53頁、129-130頁、138頁を参照。

　　感情の消滅は、精神にとって必要不可欠な自己保存メカニズムだった。現実はすっかり遮断された。すべての努力、そしてそれにと

3、他者との関係性：フランクル「夜と霧」

もなうすべての感情生活は、たったひとつの課題に集中した。つまり、ただひたすら生命を、自分の生命を、そして仲間の生命を維持することに。

（フランクル『夜と霧』45頁）

　ほとんどの被収容者は、風前の灯火のような命を長らえさせるという一点に神経を集中せざるをえなかった。原始的な本能は、この至上の関心事に役立たないすべてのことをどうでもよくしてしまった。

（フランクル『夜と霧』52-53頁）

すなわち、強制収容所での過酷な肉体労働、栄養不足、日々の虐待、暴力、それらの中では、感情は消滅してしまう。

　生き延びることだけを、意識して過ごす。

——そのような状況が、展開されていたと、推測される。

ここで必要なのは、生きる意味についての問いを百八十度方向転換することだ。わたしたちが生きることからなにを期待するかではなく、むしろひたすら、生きることがわたしたちからなにを期待しているかが問題なのだ、ということを学び、絶望している人間に伝えねばならない。（中略）

　わたしたち自身が問いの前に立っていることを思い知るべきなのだ。

　生きることは日々、そして時々刻々問いかけてくる。わたしたちは、その問いに答えを迫られている。考え込んだり言辞を弄することによってではなく、ひとえに行動によって、適切な態度によって、正しい答えは出される。生きるとはつまり、生きることの問いに正しく答える義務、生きることが各人に課す課題を果たす義務、時々刻々の要請を充す義務を引き受けることにほかならない。

（フランクル『夜と霧』129-130頁）

3、他者との関係性：フランクル「夜と霧」

　ここでは、人生に期待する生き方から、考え方を変える必要性について述べている。
　人生からの問いかけに対して、具体的な行動を、全力で返していかなければならない。

　　人間が生きることには、つねに、どんな状況でも、意味がある、この存在することの無限の苦しみは苦しむことと死ぬことを、苦と死をふくむのだ。
　（フランクル『夜と霧』138頁）

　すなわち、苦しみも含めて、意味がある。
──そのように、考える。

　フランクル『夜と霧』は、1946年に出版された。
　英語版だけでも、900万部。
　さらに、日本語を含めて、17ヵ国に翻訳されている。この本は、現在でも、なお多くの人々に読まれ続けている。

(3)

　古来、キリスト教神学では、「悪の問題」が論じられてきた。

　すなわち、世の中には善意の人ばかりではなく、悪意の人もいる。

「悪の問題」は、結局、解決しないのかもしれない。

　人は、それを、「乗り越えて生きる」というかたちでしか、対応できないのかもしれないとも思う。

　こんなエピソードがある。

　ある日、母と筆者は、二人で話していた。

　学校における「いじめ」は、なぜ、なくならないのか？

　そういった趣旨の質問に対して、母は、

「いじめるのが楽しいと、人は感じてしまうからだ」

3、他者との関係性：フランクル「夜と霧」

——そう、母は即答していた。

　誰の中にも、悪意は存在する。
　普通は、それを自制している。
　しかしながら、何かの拍子に、その悪意が姿
を現してしまう。

「他者との関係性」とは、そういった、絶え間
のない、「自制と反省の連続」でもある。
　そこにおいては、家庭教育と本人の理性的判
断が、重要な役割を占めている。

　先に述べた「善＝愛」という「生きる指針」は、
実は、生やさしいものではない。
　毎日、悪戦苦闘して、ようやく、部分的に達
成できるものである。
　少なくとも、人は、その努力を惜しんではい
けない。
——そう、筆者は現在、考えている。

＜第３章のまとめ＞

　フランクル『夜と霧』においては、人間という存在の「他者との関わり」に関する、ある意味、極限状態がそこには描写されている。

　誰の中にも、悪意は存在する。普通は、それを自制している。しかしながら、何かの拍子に、その悪意が姿を現してしまう。
「他者との関係性」とは、そういった、絶え間のない、「自制と反省の連続」でもある。そこにおいては、家庭教育と本人の理性的判断が、重要な役割を占めている。
　先に述べた「善＝愛」という「生きる指針」は、実は、生やさしいものではない。毎日、悪戦苦闘して、ようやく、部分的に達成できるものである。少なくとも、人は、その努力を惜しんではいけない。

4、社会における位置付け：
ベルクソン「創造的進化」

4、社会における位置付け：ベルクソン「創造的進化」

(1)

　私たちの「社会における位置付け」を考えた場合、ベルクソンの名著『創造的進化』は、極めて示唆に富んだ書籍である。

【NOTE】ベルクソン、真方敬道（訳）『創造的進化』（岩波文庫）（岩波書店、1979）

　誰もが経験するように、社会人の生活は、平凡な一日の繰り返しである。それが、一週間の繰り返し、一か月の繰り返し、一年の繰り返しとなる。

　子どもの頃と、学生時代とは、まったく異なっている。そして、そのようにして、私たちは、「社会における位置付け」を考えるようになる。

４、社会における位置付け：ベルクソン「創造的進化」

(2)

　ベルクソンが『創造的進化』において述べているような、「開いている社会」「閉じている社会」を、確かに、私たちは経験する。

　すなわち、一口に会社と言っても、様々である。

　中には、伝統を守ることに主眼を置く・閉鎖的な会社組織もある。

　また中には、革新的な進化を繰り返す・先進的で開放的なベンチャー企業も見られる。

　それは、学校、病院、地域のコミュニティー、親戚関係など、あらゆる分野の社会組織にも言える。

　また、同じ会社でも、徐々に、あるいは、急に、その組織構造・組織としての倫理観が、変化していく事例も、多々見られる。

　私たちが生きて働く、短期間のスパンでも、そういった組織の変遷を、体験することがありえる。

それによって、自分自身の「社会における位置付け」も、流動的に、また大胆に、変化していく。

　人間は、社会的な動物である。
　ベルクソンが提唱するような「創造的進化」も、個人の社会関係において、また、個人と社会との相互作用を契機として、起こり得るものである。
――そのように、考えられる。

　平凡な生活を送る私たちの場合、社会と呼べるものは、家庭、会社、そして、休日に接点のある地域、および、趣味のサークルや団体などに限られている。それらは、日常生活という平凡な毎日の繰り返しの中で、ゆっくりと、しかし着実に、変容していくものである。
　また、私たち自身も年齢を重ねていったり、結婚、退職、病気、事故、老いといった様々な

4、社会における位置付け：ベルクソン「創造的進化」

出来事がきっかけとなり、関与する社会組織が大きく変化していく。

　すなわち、私たちの社会における位置付けとは、常に変化しており、流動的な暫定的なものである。

(3)

　ベルクソンが著書において述べているような、「エラン・ビタール＝生の飛躍」は、案外、いたる所で、日常的に、起きているのかもしれないと思う。

　すなわち、私たちの遺伝子の変異も、また私たちの意識の変容も、常に、頻繁に、起こっているものであると考えられる。

　それが、個人のレベルで定着して、さらには、集団のレベルにおける目に見えた特徴として、「顕在化」するには、かなりの年月を必要とするのだろう。

　しかしながら、人類の進化は、突然に顕在化

するものかもしれない。

　ある日、一人が二足歩行を始めると、周囲の多数も同様に二足歩行を始めたと考える、日本の有名な生物学者もいる。

【NOTE】今西錦司『私の進化論　新装版』（思索社、1990）
【NOTE】今西錦司＆吉本隆明『ダーウィンを超えて：今西進化論講義』（LECTURE BOOKS 2）（朝日出版社、1978）このうち、引用箇所は、58頁を参照。

　そのように考えると、私たちが、今までの物質的なものに価値を置く「物質文明」から、精神的な豊かさに価値を置く「精神文明」へと進化する契機も、ある日、突然、訪れるものかもしれない。
　――そんな期待を、筆者は最近になり、思い描くようになった。

4、社会における位置付け：ベルクソン「創造的進化」

　人間の「社会における位置付け」も、「創造的進化」に伴って、大胆に、かつ、抜本的に、変容をとげていくだろう。

（4）
　最後に、極端な話をすれば、いわゆる「引きこもり」というかたちでも、その人物は社会に大きく関与していると、筆者は考えている。
　その場合には、実は、ごく普通の日常生活を送る人よりも、より大きなインパクトを、周囲の人々や周囲の社会に与えている。
　引きこもりという非日常的な出来事は、それ自体が社会への問題提起であり、また、自分自身にとっても、大きく変化・変容する契機となり得る。
　歴史に残る有名な人物においては、それが「創造的休暇」であった事例も、多々見受けられる。

（5）
　以上に述べたことをまとめると、仮想現実と

いう世界において、「善＝愛」という生きる指針を「生きる意味」としながら、私たちは常に「社会的存在」であり続けている。

　そこにおいては、いたる所で、しかも、日常的に、「生の飛躍」が生じている。

　私たちは、一人一人としては、小さな存在かもしれない。
　しかしながら、「エラン・ビタール＝生の飛躍」を通して、創造的進化に関与すること、自らを本来の理想的なあり方へと「投企」することが、可能なのかもしれないと思う。

　ハイデッガーや、サルトルが述べているように、生を受けた人間は、常に自己の可能性に向かって存在している。
　これが、「投企」（独：Entwurf、仏：projet、英：project）という存在の有り様である。

4、社会における位置付け：ベルクソン「創造的進化」

ただし、サルトルの場合には、後に、「投企」
の結果としての「社会参加」という意味で、ア
ンガジュマン engagement という言葉の方を好
んで使うようになった。

【NOTE】ハイデッガー、細谷貞雄（訳）『存在
と時間　上・下』（ちくま学芸文庫）（筑摩書房、
1994）

【NOTE】サルトル、松浪信三郎（訳）『存在と
無　全3巻』（ちくま学芸文庫）（筑摩書房、
2007）

　すなわち、人間のあり方とは、自分の存在を
発見して、創造することである。
　そのために、私たちは、現在から未来に向かっ
て進む。
　その中で、私たちは、自分自身を未来に、投
げかけていく。
　そこに、「投企」という、私たちの有り様が、
見出される。

その根源的な様態は、本来的な自己、理想的な存在へと、向かうときに見られる。

　これが、人間に可能なのは、「生きる意味」を理解することが、人間に可能なために他ならない。

4、社会における位置付け：ベルクソン「創造的進化」

＜第４章のまとめ＞

　私たちの「社会における位置付け」を考えた場合、ベルクソンの名著『創造的進化』は、極めて示唆に富んだ書籍である。

　人間は、社会的な動物である。
　ベルクソンが提唱するような「創造的進化」も、個人の社会関係において、また、個人と社会との相互作用を契機として、起こり得るものである。
　——そのように、考えられる。
　私たちの社会における位置付けとは、常に変化しており、流動的な暫定的なものである。

　ベルクソンが著書において述べているような、「エラン・ビタール＝生の飛躍」は、案外、いたる所で、日常的に、起きているのかもしれないと思う。

私たちが、今までの物質的なものに価値を置く「物質文明」から、精神的な豊かさに価値を置く「精神文明」へと進化する契機も、ある日、突然、訪れるものかもしれない。

——そんな期待を、筆者は最近になり、思い描くようになった。

　人間の「社会における位置付け」も、「創造的進化」に伴って、大胆に、かつ、抜本的に、変容をとげていくだろう。

　以上に述べたことをまとめると、仮想現実という世界において、「善＝愛」という生きる指針を「生きる意味」としながら、私たちは常に「社会的存在」であり続けている。

5、歴史をつくる勇気：
サイモン&ガーファンクル
「明日に架ける橋」

5、歴史をつくる勇気：
　サイモン＆ガーファンクル「明日に架ける橋」

（1）
　哲学 =Philosophy とは何か
——それは、自分自身の生きる基盤・生きる意味を根本から考えていき、さらには、他者との関わり・社会における位置付けによって、それらを問い直す試みである。

　哲学は、難解な言葉によって表現された書物の中だけに、あるものではない。
　それは、「ポピュラー音楽」においても、見いだすことができる。
　そして、書籍におけると同様な・極めて深い意義を、そこにおいても有している。

　そこから私たちは、自分自身の在り方を考える上でのヒントを、たくさん教えてもらうこと

5、歴史をつくる勇気：サイモン＆ガーファンクル
　「明日に架ける橋」

ができる。

——そのように、筆者は現在、考えている。

(2)

　サイモン＆ガーファンクル「明日に架ける橋」は、グラミー賞を受賞した、名曲中の名曲である。

『明日に架ける橋』（Bridge over Troubled Water）は、1970年に発表されたサイモン＆ガーファンクル最大のヒット曲。

　グラミー賞では、最優秀レコード賞と最優秀楽曲賞を含む、4部門を受賞。同名のアルバムも、最優秀アルバム賞と最優秀録音賞を受賞した。

Bridge over Troubled Water

作詞・作曲　ポール・サイモン（Paul Frederic Simon ／ 1941 － ）

When you're weary

Feeling small

When tears are in your eyes

I will dry them all

I'm on your side

When times get rough

And friends just can't be found

君が生きるのに疲れて

ちっぽけな存在に思えて

涙がこぼれそうなとき

僕がそれを拭い去ってあげる

僕は君の味方

つらい時が来て

友達が見つからないときも

Like a bridge over troubled water

I will lay me down

5、歴史をつくる勇気：サイモン＆ガーファンクル 「明日に架ける橋」

Like a bridge over troubled water
I will lay me down

激流にかかる橋のように
僕がこの身を捧げよう

When you're down and out
When you're on the street
When evening falls so hard
I will comfort you

I'll take your part
When darkness comes
And pain is all around

君が落ちぶれて
路上をさまよい
厳しい夜がやってきても
僕が慰めてあげる

君の支えになるよ
暗闇がやってきて
苦痛だらけの時も

Like a bridge over troubled water
I will lay me down
Like a bridge over troubled water
I will lay me down

激流にかかる橋のように
僕がこの身を捧げよう

Sail on Silver Girl
Sail on by
Your time has come to shine
All your dreams are on the way

See how they shine, oh
If you need a friend
I'm sailing right behind

5、歴史をつくる勇気：サイモン＆ガーファンクル「明日に架ける橋」

漕ぎ出せ　銀の少女よ
漕ぎ出すんだ
君が輝く時が来たんだ
君の夢は動き出してるのさ
ほらこんなにも輝いてる
友達が必要なら
僕がすぐ後ろをついていくよ

Like a bridge over troubled water
I will ease your mind
Like a bridge over troubled water
I will ease your mind

激流にかかる橋のように
君の心を安らげよう

【NOTE】 世界の民謡・童謡 <worldfolksong.com> 明日に架ける橋、歌詞の意味・和訳、黒人霊歌・ゴスペルから影響を受けた最大のヒッ

ト曲より、引用。

　サイモン＆ガーファンクルの名曲『明日に架ける橋』という作品には、私たちの「未来への希望」「未来をつくる勇気」を見出すことができる。

　そこから、歴史をつくる勇気も、生まれてくるのかもしれないと思う。

(3)
　現代日本を代表する詩人の谷川俊太郎は、FM ラジオのインタビュー番組で、次のようなことを述べていた。
　すなわち、自分は「好き」という言葉が、好きである。
　なぜなら、「好き」ということから、すべてが始まるから。
　しかも、「好き」という言葉は、子どもでも言える。

5、歴史をつくる勇気：サイモン＆ガーファンクル
　「明日に架ける橋」

　おじいちゃん、おばあちゃんでも、言える。
　だから、自分は「好き」という言葉が、好きである。

「歴史をつくる勇気」
——それは、特に、大掛かりなものではないのかもしれない。

　例えば、何か、自分の好きなことを、何か、やってみる。
　そこから、すべてが始まる。
　それは、子どもでもできる。
　おじいちゃん、おばあちゃんでも、できる。
　そこから、何か、新しいことが生まれてくる。
　そして、それが積り重なっていき、私たちの「希望の未来」へと、つながっていくのかもしれない。
「歴史をつくる勇気」、それは、特に、大掛かりなものではないのかもしれない。
——そのように、筆者は現在、考えている。

（4）

　韓国ドラマ『メランコリア』（2021）においては、「メランコリア」の底から、まさにそこから、「希望の光」がさしてくる。

　あらすじを、述べる。

　ドラマの中で、数学の天才・主人公の彼が執筆した本のタイトルは、『証明が必要な時間』である。

　すなわち、研究に没頭している際に感じる自由

──それを、「証明が必要な時間」において、多くの数学者が感じている。

　このドラマの主人公の場合、それが実際、彼を苦しめていた過去のトラウマに打ち勝つ「原動力」となった。

　そして、「メランコリア」の底から、まさにそこから、「希望の光」がさしてくるようになっ

5、歴史をつくる勇気：サイモン＆ガーファンクル 「明日に架ける橋」

ていく。

　彼の場合には、ある女性教師が、それを教えてくれた。

　そして、自分を導いてくれた。

　そのようにして、彼は本来の自分を、取り戻すことができた。

　彼は、彼女を、心の底から愛していることに気づく。

　そして、どんな困難があっても、その愛を貫き通していく。

　やがて、様々な事件をへて、彼女も彼を愛していることに気づく。

　しかしながら彼女は、彼を愛しているがゆえに、あえて彼に、数学に没頭する孤独な年月を勧める。

　ドラマの最終回では、それでもなお、運命の二人は不思議な縁によって三年後に再会して、彼は彼女に共著の論文を渡す。その愛を成就し

た二人は、都会の喧騒から離れて、ひっそりと
穏やかな二人の生活を送るようになる。

　以上が、このドラマのあらすじである。

(5)
　このドラマは、自分自身の「実存的な存在基
盤」を支えてくれている女性への、まさに、美
しくも切ない「純愛の物語」である。
　また、それと同様に、いつの間にか彼女にとっ
ても彼は、かけがいのない存在となっている。
　先に述べたように、「メランコリア」の底には、
実は、「希望の光」が存在する。
──そのように、このドラマは私たちに語りか
けてくれている。

　筆者も、毎日の生活の中では、たびたび、「憂
鬱」に襲われてしまう。
　しかしながら、このようなドラマの中に、「希
望」を感じつつ、毎日の、地道な生活を送って

5、歴史をつくる勇気：サイモン＆ガーファンクル 「明日に架ける橋」

いる。

　また、このドラマは、「大切な人」を思いやることの重要性を、多くの人に教えてくれているものである。

　この韓国ドラマは、ある意味、歴史に残る名作であると言えるかもしれないと、筆者は考えている。

　一般に、哲学は難解な言葉によって表現された書物の中だけに、あるものではない。

　それは、このような「純愛の物語」においても、見いだすことができる。

　そして、書籍におけると同様な・極めて深い意義を、そこにおいても有している。

　そこから私たちは、自分自身の在り方を考える上でのヒントを、たくさん教えてもらうことができる。

　──そのように、筆者は現在、考えている。

以上に述べたことを、まとめる。

　韓国ドラマ『メランコリア』は、哲学的に深遠な内容を骨子とした、美しくも切ない「純愛の物語」である。

　先に述べたように、「メランコリア」の底には、実は、「希望の光」が存在する。

　──そのように、このドラマは私たちに語りかけてくれている。

5、歴史をつくる勇気：サイモン＆ガーファンクル
「明日に架ける橋」

＜第5章のまとめ＞

　サイモン＆ガーファンクルの名曲『明日に架ける橋』という作品には、私たちの「未来への希望」「未来をつくる勇気」を見出すことができる。

　「歴史をつくる勇気」──それは、特に、大掛かりなものではないのかもしれない。
　例えば、何か、自分の好きなことを、何か、やってみる。
　そこから、すべてが始まる。
　それは、子どもでもできる。
　おじいちゃん、おばあちゃんでも、できる。
　そこから、何か、新しいことが生まれてくる。
　そして、それが積り重なっていき、私たちの「希望の未来」へと、つながっていくのかもしれない。
　「歴史をつくる勇気」、それは、特に、大掛かりなものではないのかもしれない。

韓国ドラマ『メランコリア』は、哲学的に深遠な内容を骨子とした、美しくも切ない「純愛の物語」である。

「メランコリア」の底からは、まさにそこから、「希望の光」がさしてくる。

——そのように、このドラマは私たちに語りかけてくれている。

あとがき

(1)

　2024 年の 12 月初旬に、自分は「哲学の本」を書いてもよいのではないか。

——ふと、そんなことを思った。

　そして、一気に、この本を執筆した。

　書いている最中は、いわゆる「風の時代」を生きる、若い人たちにも、こころに響くような書籍になればいいと、そんなことを考えていた。

　自分は、作家というかたちでしか、自分を表現できない、不器用な人間かもしれない。しかしながら、この本を書くきっかけになったような「インスピレーション」を、今後も、大事にしていきたいと考えている。

(2)

　話題を変える。

　FM ラジオの年末番組で、ミュージシャンの

「山下達郎・竹内まりや」夫妻が、次のような
ことを語っていた。

すなわち、昔はレコード盤が三年で廃盤に
なってしまい、自分たちの曲を聴いてもらえな
くなったりしていた。それが今は、音源のデー
タベース化が進み、いつでも、曲を聴いてもら
うことができる。いい時代になったものである。
――そのようなことを、しみじみと語っていた。

自分の書いた書籍も、現在、電子書籍という
かたちで、データベース化されている。すなわ
ち、世界115ヶ国以上の図書館・学校・企業な
どからアクセスできるし、いつでも読んでもら
うことができる。昔、紙の本が数年で絶版とな
り、読んでもらえなくなっていた時代とは、大
きく異なっている。そんな現代にあって、自分
も、少しでも多くの人々のこころに響くような
書籍を、執筆していきたい。
――そのように、筆者は現在、考えている。

あとがき

(3)

　本書では、生きる基盤、生きる意味、他者との関係性、社会における位置付け。さらには、歴史をつくる勇気に関して、自分なりの考えをまとめてみた。

　そのようにして、今を生きる人たちに、自分なりのメッセージを送った次第である。

　この本が出版されると決まった時には、実は、意外な心持ちがした。
　何か、奇妙な本を、書いてしまったという気もする。

　書籍は出版されると、著者の手を離れて、独り歩きを始めるものである。
　今後、この本が、どのように読まれていくのか。
　――筆者には、全く、想像できない。

75

附録： 本書の要旨

(1)

　古代から現代まで、哲学者は多くの哲学的な思索を巡らしてきた。その中で、一種の到達点と考えられるのが、フランスの哲学者であるメルロ＝ポンティの主著『知覚の現象学』である。そこでは、経験する主体は、空間内に孤立する存在ではない。むしろ、空間そのものを成り立たせる媒質である。そして、他者とともに、不断に生成するものであるとする。

　しかしながら、プラトンの「洞窟の比喩」という観点から見ると、メルロ＝ポンティの「知覚の現象学」も、その根拠があいまいなものとなる。また、それに立脚した様々な哲学的思索も、確固とした根拠を失う。

　西洋において近代科学の基礎を築いたデカルトは、「感覚」「現実」「数学」は疑えるが、それを見て考えている自分自身という存在は、疑うことができないとした。

附録： 本書の要旨

　だが、これも東洋的な考え方からすると、はっきりしたものではない。すなわち、荘子は「胡蝶の夢」のたとえにおいて、自分自身も夢にすぎないとする。

　このような考え方は、仏教の教えとも共通点を持っている。仏教では、そこから、あらゆる物事に執着することを煩悩と呼び、執着からの解脱を説いている。

　以上に述べたことを現代的な言葉でまとめると、「この世の中は仮想現実であり、自分自身も仮想現実における出来事にすぎない。」となる。

　すなわち、私たちが「生きる基盤」とは、仮想現実の世界である。

　先にも述べたように、このような考え方は「仏教の教え」そのものであり、特に筆者が奇をてらうようなことを言っているわけではない。

自分自身の経験からも、この世の中が仮想現実であるという感覚を抱いたことがある。また、仮想現実という概念は、多くの人に広がりつつある。

(2)
　明治時代の書籍は、現代日本人の言語感覚からすると、言い換えが必要な言葉も散在している。そのような観点から、日本を代表する哲学者・西田幾多郎の主著『善の研究』を読みなおしてみると、「善」という言葉は、「善＝愛」と読み替えられるべきであると考えられる。
　ちなみに、キリスト教会においては、「神の愛」という表現が使われている。その場合、「愛」という言葉には、もはや、俗世間的な響きはない。それは、崇高で荘厳な理想形としての「愛」という、ニュアンスを帯びている。キリスト教における「愛」は、全ての人間関係、社会関係に関わっている。また、それは生きる基盤、生きる意味を根拠づける概念でもある。

附録： 本書の要旨

　すなわち、「愛」という言葉は、現代の日本に生きる私たちにも、「生きる指針」として、こころに響く「生きた言葉」であり続けている。

　そのように考えると、西田幾多郎がこの本の中で言いたかったことも、より明確化される。
　すなわち、西田幾多郎は「純粋経験」という概念を、彼の哲学的な営みの根幹に置いている。そして、そこから「善」→「善＝愛」という倫理思想を導き出している。
　私たちにとって、「生きる意味」とは、人それぞれに千差万別であるかもしれない。
　しかしながら、「善＝愛」ということを「生きる指針」に置くことにより、この仮想現実である世界における、私たちの「生きる意味」も、より明確なものになると考えられる。

（3）
　フランクル『夜と霧』においては、人間という存在の「他者との関わり」に関する、ある意

79

味、極限状態がそこには描写されている。

　誰の中にも、悪意は存在する。普通は、それを自制している。しかしながら、何かの拍子に、その悪意が姿を現してしまう。
「他者との関係性」とは、そういった、絶え間のない、「自制と反省の連続」でもある。そこにおいては、家庭教育と本人の理性的判断が、重要な役割を占めている。
　先に述べた「善＝愛」という「生きる指針」は、実は、生やさしいものではない。毎日、悪戦苦闘して、ようやく、部分的に達成できるものである。少なくとも、人は、その努力を惜しんではいけない。

(4)
　私たちの「社会における位置付け」を考えた場合、ベルクソンの名著『創造的進化』は、極めて示唆に富んだ書籍である。

附録： 本書の要旨

　人間は、社会的な動物である。
　ベルクソンが提唱するような「創造的進化」
も、個人の社会関係において、また、個人と社
会との相互作用を契機として、起こり得るもの
である。
――そのように、考えられる。
　私たちの社会における位置付けとは、常に変
化しており、流動的な暫定的なものである。

　ベルクソンが著書において述べているよう
な、「エラン・ビタール＝生の飛躍」は、案外、
いたる所で、日常的に、起きているのかもしれ
ないと思う。

　私たちが、今までの物質的なものに価値を置
く「物質文明」から、精神的な豊かさに価値を
置く「精神文明」へと進化する契機も、ある日、
突然、訪れるものかもしれない。
――そんな期待を、筆者は最近になり、思い描
くようになった。

81

人間の「社会における位置付け」も、「創造的進化」に伴って、大胆に、かつ、抜本的に、変容をとげていくだろう。

　以上に述べたことをまとめると、仮想現実という世界において、「善＝愛」という生きる指針を「生きる意味」としながら、私たちは常に「社会的存在」であり続けている。

(5)
　サイモン＆ガーファンクルの名曲『明日に架ける橋』という作品には、私たちの「未来への希望」「未来をつくる勇気」を見出すことができる。
「歴史をつくる勇気」——それは、特に、大掛かりなものではないのかもしれない。
　例えば、何か、自分の好きなことを、何か、やってみる。
　そこから、すべてが始まる。

附録： 本書の要旨

　それは、子どもでもできる。

　おじいちゃん、おばあちゃんでも、できる。
そこから、何か、新しいことが生まれてくる。

　そして、それが積り重なっていき、私たちの
「希望の未来」へと、つながっていくのかもし
れない。

「歴史をつくる勇気」、それは、特に、大掛か
りなものではないのかもしれない。

　韓国ドラマ『メランコリア』は、哲学的に深
遠な内容を骨子とした、美しくも切ない「純愛
の物語」である。

「メランコリア」の底からは、まさにそこから、
「希望の光」がさしてくる。

――そのように、このドラマは私たちに語りか
けてくれている。

(6)

　以上、本書では、仮想現実という「生きる基
盤」において、「善＝愛」という「生きる指針」

から、「生きる意味」が、より明確化されることを見てきた。

このように、生きる意味を考察して、「生の哲学」へ向けて、想いをめぐらした。

すなわち、「哲学評論」の試みを行なった。

引用文献一覧

引用文献一覧（引用順に掲載）

メルロ＝ポンティ、竹内芳郎（訳）、小木貞孝（訳）
『知覚の現象学 1・2』（みすず書房、1967）

廣松渉『存在と意味：事的世界観の定礎』（岩
波書店、1982）

プラトン、藤澤令夫（訳）『国家 上・下』（岩
波文庫）（岩波書店、1979）
（【NOTE】 プラトン「洞窟の比喩」の箇所は、
下 104-111 頁）

デカルト、谷川多佳子（訳）『方法序説』（岩波
文庫）（岩波書店、1997）
（【NOTE】 引用箇所は、46 頁）

荘子、金谷治（翻訳）『荘子 第 1 冊 内篇』（岩
波文庫）（岩波書店、1971）
（【NOTE】 引用箇所は、88-89 頁を参照）

引用文献一覧

伊藤和光『評論集：宮沢賢治と遠藤周作―日本文学における宗教経験の諸相』（牧歌舎、2024年）

（【NOTE】　引用箇所は、33 - 34 頁）

伊藤和光『こころに残る日本の詩 15 篇―近代・現代日本文学から』（牧歌舎、2024 年）

（【NOTE】　宮沢賢治に関しては、60 - 64 頁を参照）

北川前肇『NHK こころの時代〜宗教・人生〜宮沢賢治　久遠の宇宙に生きる』（NHK シリーズ）（NHK 出版、2023 年）

（【NOTE】　引用箇所は、43 頁）

西田幾多郎『善の研究』（岩波文庫）（岩波書店、1979）

櫻井歓『西田幾多郎』（講談社現代新書）（講談

社、2023）

（【NOTE】　引用箇所は、42 - 61 頁参照）

フランクル（著）、池田香代子（訳）『夜と霧　新版』（みすず書房、2002）

（【NOTE】　引用箇所は、45 頁、52-53 頁、129 - 130 頁、138 頁）

ベルクソン、真方敬道（訳）『創造的進化』（岩波文庫）（岩波書店、1979）

今西錦司『私の進化論　新装版』（思索社、1990）

今西錦司 & 吉本隆明『ダーウィンを超えて : 今西進化論講義』（LECTURE BOOKS 2）（朝日出版社、1978）

（【NOTE】　引用箇所は、58 頁）

ハイデッガー、細谷貞雄（訳）『存在と時間 上・

下』（ちくま学芸文庫）（筑摩書房、1994）

サルトル、松浪信三郎（訳）『存在と無　全3巻』（ちくま学芸文庫）（筑摩書房、2007）

<References available in the United States>

Maurice Merleau-Ponty, *Phenomenology of Perception,* Routledge 2013

Plato / R. Allen (Translator), *The Republic,* Yale University Press 2008

René Descartes / Andrew Bailey (Editor) / Ian Johnston (Translator), *Discourse on Method,* Broadview Press Ltd, 2020

Chuang-tzu, *Inner Chapters:The Inner Chapters* (*Hackett Classics*)*,* Hackett Publishing Co. Inc. 2001

Kenji Miyazawa (Author) / John Bester (Translator), *Once and Forever: The Tales of Kenji Miyazawa* (*New York Review Books Classics*)*,* NYRB Classics 2018.

Kenji Miyazawa (Author) / Roger Pulvers (Translator), *Strong in the Rain: Selected Poems,* Bloodaxe Books

References available in the United States

2007.

Kitaro Nishida, *An Inquiry into the Good,* Yale University Press　1992

Victor E. Frankl / John Boyne (Foreword), *Man's Search for Meaning,* Beacon Press　2017

Henri Bergson / Arthur Mitchell (Translator), *Creative Evolution,* Independently published　2021

Martin Heidegger / Dennis J. Shmitd (Foreword) / Joan Stambaugh (Translator), *Being and Time,* State University of New York Press　2010

Jean-Paul Sartre / Sarah Richmond (Translator), *Being and Nothingness:An Essay in enomenological Ontology,* Routledge　2020

Shuntaro Tanikawa / Takako U. Lento (Translator,

Introduction), *The Art of Being Alone:Poems 1952-2009* (*New Japanese Horizons*), Cornell East Asia Series　2011

Kazumitsu Ito, *Statistical Data Analysis of Japanese Literature,* One Peace Books　2024

Kazumitsu Ito, *Basho's Linked Verse: A Comprehensive Translation of the 576 Poems across 16 Volumes,* One Peace Books　2025

Kazumitsu Ito, *Essays on Miyazawa Kenji and Endo Shusaku: Religious Experiences in Japan's Literature,* One Peace Books　2025 (in press)

Kazumitsu Ito, *Fifteen Japanese Poems That Stay with You,* One Peace Books　(in press)

Kazumitsu Ito, *Essays on Japan's Literature and My Life in Japan,* One Peace Books　(in press)

著者プロフィール

伊藤 和光（イトウ カズミツ）

1986 年　同志社大学神学部卒業（卒業研究：新約聖書学）
1995 年　東京大学医学部医学科卒業
2022 年　放送大学大学院修士課程修了（日本文学専攻）
現職：高見丘眼科　院長

著書に、『日本文学の統計データ分析』『芭蕉連句の英訳と統計学的研究』『芭蕉連句の全訳：16 巻 576 句の英訳および解説と注釈』『コンタクトレンズ診療の実際』（以上は東京図書出版から発刊）『評論集：宮沢賢治と遠藤周作』『こころに残る日本の詩 15 篇』『エッセイ集：日本文学が教えてくれたこと』『エッセイ集 vol. 2：医学、文学、自分のこと』（以上は牧歌舎から発刊）など。

生きることの意味 ―「生の哲学」へ向けて―

2025 年 5 月 1 日　初版第 1 刷発行

著　者　　伊藤 和光
発行所　　株式会社牧歌舎
　　　　　〒 664-0858　兵庫県伊丹市西台 1-6-13 伊丹コアビル 3F
　　　　　TEL.072-785-7240　FAX.072-785-7340
　　　　　http://bokkasha.com　代表者：竹林哲己
発売元　　株式会社星雲社（共同出版社・流通責任出版社）
　　　　　〒 112-0005　東京都文京区水道 1-3-30
　　　　　TEL.03-3868-3275　FAX.03-3868-6588
印刷製本　冊子印刷社（有限会社アイシー製本印刷）
Ⓒ Kazumitsu Ito 2025 Printed in Japan
ISBN978-4-434-35743-5　C0095
日本音楽著作権協会（出）許諾第 2501804-501 号

落丁・乱丁本は、当社宛にお送りください。お取り替えいたします。